Marcus Pfister

Der Weihnachtsstern
und andere Geschichten

omnibus

OMNIBUS
ist der Taschenbuchverlag für Kinder
in der Verlagsgruppe Random House

Umwelthinweis:
Alle bedruckten Materialien dieses Taschenbuchs sind
chlorfrei und umweltschonend.

1. Auflage
Erstmals als OMNIBUS Taschenbuch November 2006
Gesetzt nach den Regeln der Rechtschreibreform
»Der Weihnachtsstern«:
© Nord-Süd Verlag AG, Zürich 1993
»Lieber Nikolaus, wann kommst du?«:
© Nord-Süd Verlag AG, 1996
»Wie Sankt Nikolaus einen Gehilfen fand«:
© Nord-Süd Verlag AG, 1987
Alle Rechte dieser Ausgabe vorbehalten durch
OMNIBUS, München
Umschlagbild und Innenillustrationen: Marcus Pfister
Umschlaggestaltung: Basic-Book Design,
Karl Müller-Bussdorf
SK • Herstellung: CZ
Satz und Repro: Lorzenz & Zeller, Inning am Ammersee
Druck und Bindung: Těšínská tiskárna, a.s., Český Těšín
ISBN-10: 3-570-21699-3
ISBN-13: 978-3-570-21699-6
Printed in the Czech Republic

www.omnibus-verlag.de

Marcus Pfister

Der
Weihnachtsstern
und andere Geschichten

»Meinen Kindern Yannik, Miro und Nina«

Marcus Pfister

Der
Weihnachtsstern

Friedlich weidete die Schafherde auf dem Feld.
Nur am Lagerfeuer, an dem die drei Hirten saßen,
kehrte keine Ruhe ein. Die Stimmen der Schafhirten
klangen so aufgeregt, dass sie das Knistern
des flackernden Feuers übertönten.

»Habt ihr gehört? Ganz in der Nähe ist ein Kind
geboren worden. Es soll ein neuer König sein.
Ein König ohne Heer und Reiter und dennoch
mächtiger als alle, die wir jemals kannten.
Gütig und barmherzig soll er sein – ein König
des Friedens und der Freude.«

»Lasst uns den König begrüßen«, schlug der Älteste
vor. Aber keiner von ihnen wusste, wo das Kind
geboren worden war. Unschlüssig berieten sie,
in welche Richtung sie ziehen sollten.

»Wenn wir doch nur vom Himmelszelt aus
das Land überblicken könnten. Die Sterne kennen
den Geburtsort des heiligen Kindes bestimmt!«

Als ob die Sterne die Bitte der Hirten gehört
hätten, schien der Himmel plötzlich in Bewegung
zu geraten. Die Hirten blickten gebannt hinauf
und hofften sehnsüchtig auf ein Zeichen, das ihnen
den Weg weisen würde. Ehrfürchtig bestaunten
sie das wundersame Schauspiel am Firmament.

Langsam rückten die Sterne zusammen. Sie kamen einander näher und näher und sammelten sich schließlich zu einem einzigen, strahlend hellen Stern.

Glitzernd stand der Stern am Abendhimmel und erhellte mit seinem leuchtenden Schweif die tiefblaue Nacht.

Dann begann der funkelnde Stern, langsam über den Horizont zu gleiten. Hastig packten die Hirten ihre Siebensachen. Sie trieben die Schafe zusammen und folgten dem geheimnisvollen Stern. Er würde ihnen den Weg zum heiligen Kind zeigen.

Doch nicht nur die Hirten hatten die frohe Botschaft vernommen. Auch dem König des schönsten morgenländischen Palastes war die gute Nachricht zugetragen worden. Er freute sich über die Ankunft des neuen Friedensfürsten. Nach langen Jahren des Krieges sehnten sich das Volk und sein König nach Ruhe und Frieden.

Vom großen Balkon aus entdeckten der König und seine Gefolgschaft den Stern. Sein heller Schein ließ die goldenen Kuppeln des Schlosses erstrahlen.

»Sattelt mein Kamel!«, befahl der König. »Tragt mir
die kostbarsten Geschenke zusammen und packt sie
auf das Tier. Ich will das heilige Kind willkommen
heißen. Der helle Stern am Himmel wird mir den
Weg zu ihm zeigen.«

Bald schon traf er auf zwei andere Könige,
die demselben Ziel entgegenritten. Wie weit doch
die Kunde schon gedrungen war! Der König ritt
hin und sprach zu ihnen: »Lasst uns den jungen
Friedensfürsten gemeinsam begrüßen und
beschenken!«

So folgten die drei Könige dem Weihnachtsstern
auf dem langen Weg durch die Wüste.

Die Strahlen des Sterns drangen auch bis in die
dunklen, dichten Wälder.
Das wird wohl der Vollmond sein, dachte der Wolf
und begann zu heulen. Die Igelfamilie glaubte,
die Morgendämmerung sei angebrochen, und
versteckte sich in ihrem Laubnest.

Aufgeschreckt liefen die anderen Tiere zum Waldrand
und entdeckten dort den großen Stern.

Als alle Waldtiere versammelt waren, erzählte
ihnen die weise Eule, dass in Bethlehem das heilige
Kind geboren sei. Und dass dieser wunderbare
Weihnachtsstern sie alle an seine Wiege führen würde.

Voller Freude machten sich die Tiere auf den Weg.

Über einem kleinen Stall blieb der Weihnachtsstern
schließlich stehen. Er ließ die unscheinbare Hütte
in festlichem Glanz erstrahlen.

Alle wollten das heilige Kind willkommen
heißen. Friedlich lag der Wolf neben dem Lamm,
der Fuchs neben dem Hasen, und die mächtigen
Könige unterhielten sich mit den einfachen Hirten.

Von Mutter und Vater umsorgt, lag das Kind
in der Krippe. Die Strahlen des Weihnachtssterns
drangen hell durch das kleine Fenster.

Ruhe und Frieden lagen über dem Hügel.
Und alle wünschten sich, dieser Augenblick
der Eintracht möge für immer andauern.

»Für Yannik«

Marcus Pfister

Lieber Nikolaus,
wann kommst du?

Es war früh am Morgen und der Wald lag ruhig
und verschlafen unter der weißen Schneedecke.
Auf einer kleinen Lichtung stand ein Holzhaus.
Auch dort schien sich nichts zu regen.
Nur ganz leise drangen zufriedene Schnarchgeräusche
nach draußen.
Und die Spitze einer roten Schlafmütze verriet,
dass da jemand tief in den warmen Bettfedern
schlummerte.

Es war Sankt Nikolaus. Erst gegen Mittag streckte
er seine Nase unter der weichen Bettdecke hervor.
Er wunderte sich, dass es im Zimmer schon so hell war.
Nikolaus gähnte und blinzelte zum Nachttischchen.
Dann fuhr er erschreckt auf.

Hatte er wirklich den Wecker nicht gehört?
Hatte er verschlafen?
Und das ausgerechnet am Sankt-Nikolaus-Tag!
Er sprang aus dem Bett und zog sich hastig an.

Am Schluss fehlten nur noch die Stiefel.
Der eine lag unter dem Bett, gut. Aber wo steckte bloß
der andere?
Nikolaus machte sich auf die Suche.
Er schaute im Kleiderschrank nach.
Er guckte auf, unter und hinter den Schrank.
Er suchte ihn unter dem Tisch, in der großen Truhe
und sogar unter der Bettdecke.
Schließlich fand er ihn hinter dem dicken Vorhang
beim Fenster.
Ich muss mich beeilen, dachte Nikolaus aufgeregt
und stürzte zur Haustür.

Er riss die Tür auf – und blieb wie angewurzelt stehen.
Es musste die ganze Nacht geschneit haben.
Der Schnee lag über einen Meter hoch.
Zum Glück stand die Schneeschaufel direkt neben
dem Eingang.
Mühsam kämpfte sich Nikolaus durch die Schneemassen.
Er schaufelte und schwitzte, bis er endlich den Stall
erreicht hatte.
»Puh, geschafft!«, seufzte er.

Nikolaus öffnete das Tor
und zog den Schlitten nach draußen.
Die Rentiere trotteten nur widerwillig hinaus in den Schnee.
Sie wären lieber noch im warmen Stall geblieben,
doch Sankt Nikolaus spannte sie eilig vor den Schlitten.
Dann schwang er sich auf den Kutschbock und fasste die Zügel.
Ein letzter Blick zurück … da fehlte doch noch etwas!?
»Der Sack!«, rief Nikolaus. »Beinahe hätte ich die Geschenke
für die Kinder vergessen!«
Er sprang vom Schlitten und lief zum Haus zurück.

Nikolaus stürzte in die Wohnstube.
Der große Sack mit den Geschenken lehnte am Kamin.
Jetzt schleifte Nikolaus den Riesensack zur Tür.
Doch hier half alles Schieben, Zerren, Rucken
und Reißen nichts.
Entweder war die Türöffnung zu eng oder der Sack zu dick.
Auf jeden Fall passte er unmöglich hindurch.

Nikolaus blieb nichts anderes übrig, als drei kleinere
Säcke aus dem Keller zu holen.
Hastig begann er, die Geschenke umzupacken.
Äpfel, Nüsse und Mandarinen kullerten über den
Fußboden und Nikolaus musste alles wieder einsammeln.
Schließlich war er fertig und trug die drei Säcke keuchend
zum Schlitten und lud sie auf.

»Also, meine lieben Rentiere, los geht's!«, rief Nikolaus.
Die Tiere rührten sich nicht.
»Wenn wir nicht erst Heu und Wasser kriegen, laufen wir
keinen Schritt«, sagte das Leittier trotzig.
Die Tiere haben natürlich Recht, dachte Nikolaus beschämt.
Wie sollen sie denn den weiten Weg schaffen, ohne vorher
etwas gefressen zu haben?
Er lief zum Stall und holte zwei große Heuballen.
Darauf schleppte er noch zwei Eimer mit Wasser heran.
Die Rentiere begannen zu fressen und ließen sich
dabei Zeit.
Unruhig trat Nikolaus von einem Fuß auf den anderen.
Inzwischen hatte es auch wieder angefangen zu schneien.

Endlich waren die Tiere satt und Nikolaus stieg
zum dritten Mal auf den Schlitten. Es begann schon
zu dämmern.
»Hü, ihr lieben Rentiere, hü!«, rief Nikolaus.
Die Rentiere legten sich mächtig ins Zeug. Sie rissen
und zogen am Schlitten, doch der schien am Boden
festzukleben.

Nur langsam und ruckartig bewegte er sich vorwärts.
Nikolaus stieg ab und untersuchte die Kufen.
Sie waren völlig verrostet und aufgerissen.
Dabei hatte er sie doch das ganze Jahr gewissenhaft
gepflegt!
»So kommen wir nie ans Ziel!«, jammerte Nikolaus.
Die Schneeflocken fielen jetzt immer dichter.
Nikolaus konnte nichts erkennen.
Keinen Weg, keinen Pfad, gar nichts mehr.

Die Rentiere tasteten sich unsicher vorwärts.
Schließlich waren sie bis zum Bauch eingeschneit
und kamen keinen Schritt voran.
Es war hoffnungslos!
Erschöpft ließ sich Sankt Nikolaus auf den Kutschbock fallen.
Da hörte er von weit her ein leises Bimmeln und Klingeln.
Das Geräusch wurde immer lauter und…

… Nikolaus erwachte.
Verschlafen stellte er den klingelnden Wecker ab.
Hatte er das alles wirklich nur geträumt?
Rasch hüpfte er aus dem Bett und zog sich an.
Die Stiefel standen, wie gewohnt, ordentlich unter
dem Stuhl.
Der Weg zum Schuppen war frei und im Stall fraßen
die Rentiere gemütlich aus der Krippe. Und die Kufen
des Schlittens, die er immer sorgfältig gepflegt hatte,
glänzten tadellos.
Nikolaus machte vor lauter Freude einen Luftsprung.

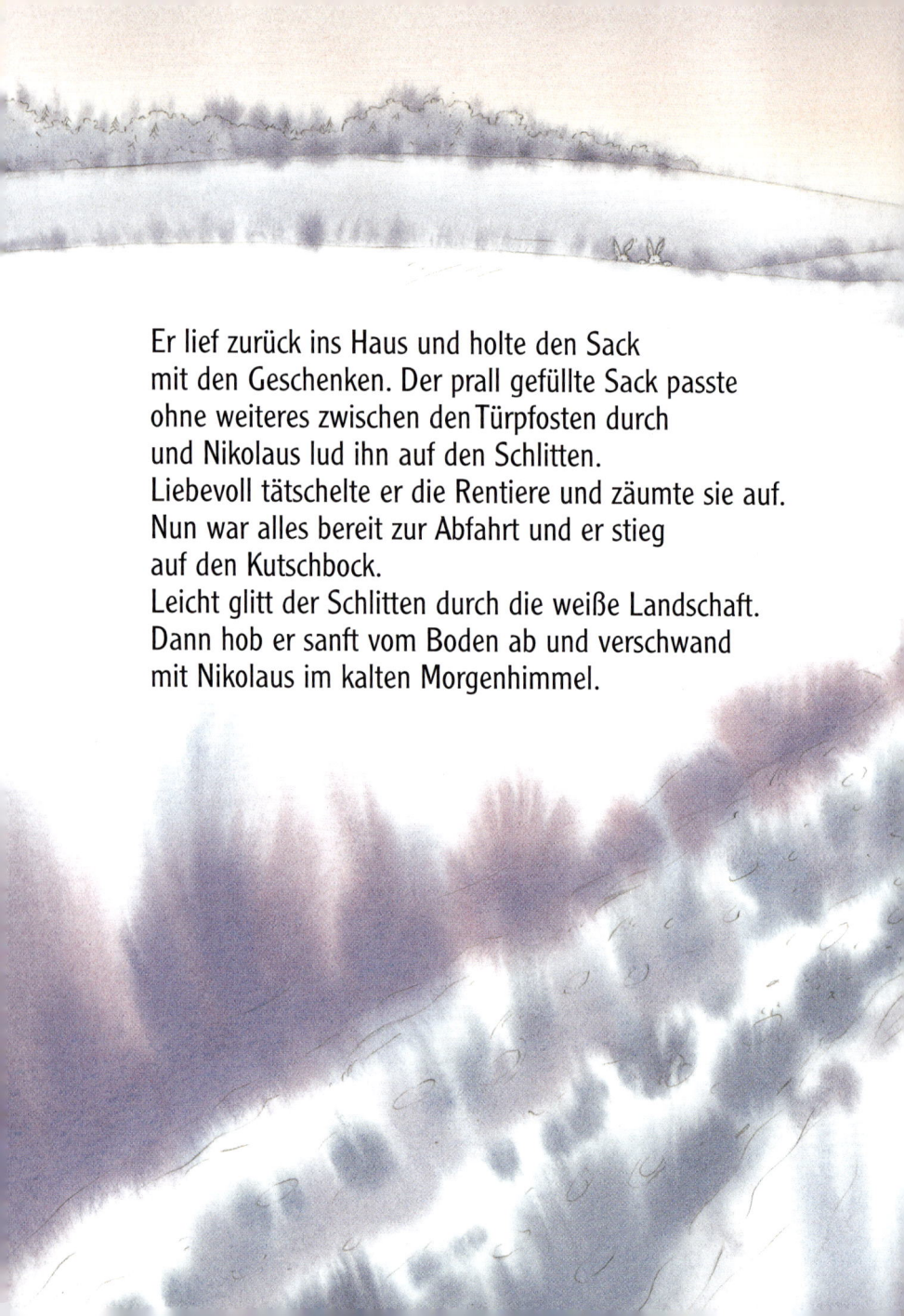

Er lief zurück ins Haus und holte den Sack
mit den Geschenken. Der prall gefüllte Sack passte
ohne weiteres zwischen den Türpfosten durch
und Nikolaus lud ihn auf den Schlitten.
Liebevoll tätschelte er die Rentiere und zäumte sie auf.
Nun war alles bereit zur Abfahrt und er stieg
auf den Kutschbock.
Leicht glitt der Schlitten durch die weiße Landschaft.
Dann hob er sanft vom Boden ab und verschwand
mit Nikolaus im kalten Morgenhimmel.

Marcus Pfister / Kathrin Siegenthaler

Wie
Sankt Nikolaus
einen Gehilfen fand

Es war Anfang Dezember und der Winter hatte
bereits eine dicke Schneedecke über das Land gelegt.
Das kleine Haus am Waldrand wirkte jetzt noch
verlorener und abgeschiedener als sonst.

Seit Jahren wohnte in dieser Hütte ein einsamer
Holzfäller.

Er war lange nicht mehr im Dorf gewesen und ging auch nicht gerne hin. Die Leute tuschelten jeweils hinter seinem Rücken über ihn, den komischen Waldkauz. Und die Kinder machten sich über seinen geflickten Mantel lustig.

Doch nun war sein Schlitten wieder voll mit Holz bepackt. So machte sich der Holzfäller auf den Weg ins Dorf.

Diesmal fanden die Leute aber gar keine Zeit,
sich um ihn zu kümmern. Sie trafen die letzten
Vorbereitungen für den Besuch des Sankt Nikolaus.
Die Häuser waren festlich herausgeputzt und
die Kinder konnten den Abend kaum erwarten.

Das hatte der Holzfäller ganz vergessen. Heute war
ja Sankt-Nikolaus-Tag! Er verkaufte sein Holz und
machte sich ein wenig traurig auf den Heimweg.
Bei ihm war Sankt Nikolaus schon lange nicht mehr
vorbeigekommen!

So saß der Holzfäller am Nachmittag wieder in seiner
Hütte. Da hörte er plötzlich vom Waldweg her feines
Glockengebimmel. Er lief zum Fenster und – tatsächlich:
Es war Sankt Nikolaus, der mit seinem Eselchen und
dem schwer bepackten Schlitten ins Dorf fuhr.

Der Holzfäller öffnete die Tür und rief: »Sei gegrüßt,
Sankt Nikolaus, möchtest du nicht einen heißen Tee
bei mir trinken?«

Gerne nahm Sankt Nikolaus das freundliche Angebot an.
Gemeinsam tranken sie eine Tasse Tee und Sankt
Nikolaus konnte sich am gemütlichen Ofen wärmen.
Als es dunkel zu werden begann, sagte er:
»Sei herzlich bedankt, guter Mann. Jetzt muss ich
weiter, damit ich rechtzeitig zu den Kindern komme.«

Bald war Sankt Nikolaus im Schneetreiben verschwunden. Auch der Holzfäller trat hinaus in den Schnee; er brauchte noch etwas Holz für seinen Ofen. So stapfte er hinauf zum Waldweg, und was sah er da? Der ganze Weg war über und über mit Nüssen, Apfelsinen, Lebkuchen und kleinen Geschenken bedeckt. Hatte Sankt Nikolaus dies alles etwa für ihn dagelassen?

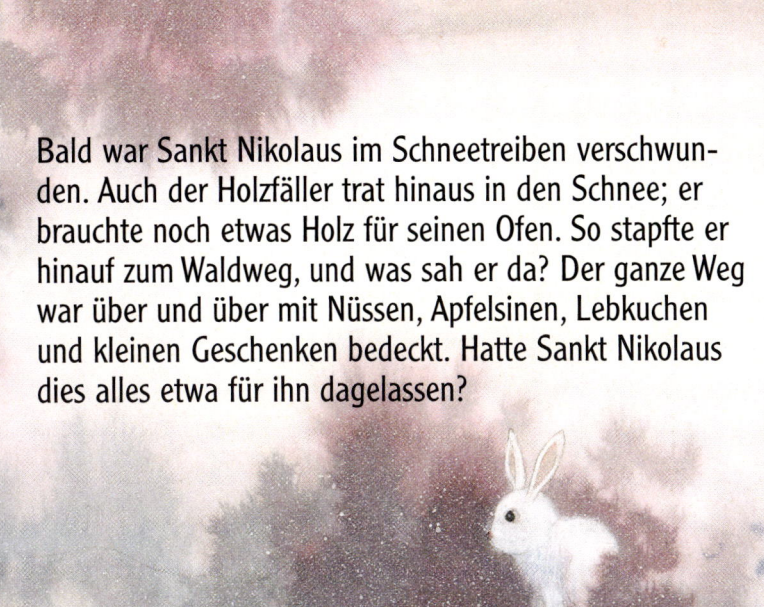

Unterdessen war Sankt Nikolaus auf seinem Weg
ins Dorf. Bergab saß er gemütlich auf seinem Schlitten,
bergauf half er seinem Eselchen, die schwere Last zu
ziehen. Es war ein weiter, beschwerlicher Weg, aber er
freute sich schon auf die strahlenden Kindergesichter.

Als er jedoch am Dorfeingang vom Schlitten stieg,
um den Sack abzuladen, wollte er seinen Augen
nicht trauen. Der große Sack war leer, ganz leer.
Bald hatte Sankt Nikolaus das Loch im Sack entdeckt.
Während der holprigen Fahrt war es immer größer
geworden und so waren schließlich alle Nüsse,
Äpfel und Päckchen in den Schnee gekugelt.

Was sollte er jetzt tun? Es war zu spät, um den
langen Weg zurückzufahren. Der Schnee, der inzwischen
gefallen war, hatte bestimmt alles zugedeckt.
Musste er nun mit leeren Händen zu den Kindern
kommen? Verzweifelt setzte sich Sankt Nikolaus auf
seinen Schlitten.

Da sah er am Horizont eine Gestalt auftauchen,
erst winzig klein, dann immer größer und deutlicher.
Wer mochte um diese Zeit im tiefen Schnee noch
unterwegs sein? Es war ein Mann, der auf seinem
Rücken einen riesigen Sack mitschleppte. Er wirkte
ganz aufgeregt. Von weit her hörte Sankt Nikolaus
seine Rufe: »Sankt Nikolaus! Warte, warte!«

Als der Mann näher kam, erkannte Sankt Nikolaus
in ihm den freundlichen Holzfäller, der ihn eingeladen
hatte. Er war Sankt Nikolaus gefolgt und hatte alles
zusammengesucht und in einen Sack gepackt.

Sankt Nikolaus umarmte ihn und fragte: »Wie kann
ich dir bloß danken? Wie heißt du eigentlich?«
»Ich heiße Ruprecht, im Dorf nennt man mich Knecht
Ruprecht.«
»Auf einen Gehilfen wie dich habe ich schon lange
gewartet. Ruprecht, möchtest du mich nicht zu den
Kindern begleiten?«

Und ob Ruprecht wollte! Seine Augen leuchteten vor
Freude.

So klopften die beiden gemeinsam bei der ersten Haustüre
an. Wie staunten da die Erwachsenen und die Kinder, dass
ausgerechnet Knecht Ruprecht den Sankt Nikolaus begleitete.
Als Sankt Nikolaus aber die Geschichte mit den verlorenen
Geschenken erzählt hatte, da schämten sich alle, dass sie
Ruprecht immer so schlecht behandelt hatten. Und eine
Frau schenkte ihm einen neuen, warmen Wintermantel.

Von diesem Tag an war Knecht Ruprecht der treue
Gehilfe des Sankt Nikolaus. Jedes Jahr sieht man
die beiden Anfang Dezember durch den verschneiten
Wald ins Dorf fahren, wo sie von den Kindern immer
freudig erwartet werden.

Der Regenbogenfisch kehrt zurück

Jetzt ist er endlich wieder da und stürzt
sich gleich ins nächste Abenteuer.
Zum Glück hat der Regenbogenfisch viele Freunde,
die ihm wie immer helfen können.

Erhältlich in Ihrer
Buchhandlung!

Marcus Pfister
Der Regenbogenfisch kehrt zurück
32 Seiten, gebunden, farbig illustriert
mit kostenlosem MP3-Hörbuch
D€ 13.80 / A€ 14.20 / CHF 24.80
ISBN-10: 3-314-01504-6
ISBN-13: 978-3-314-01504-5

NordSüd
VERLAG

NordSüd Verlag AG
www.nord-sued.com · info@nord-sued.com

Anita Jeram
Knuddelhase

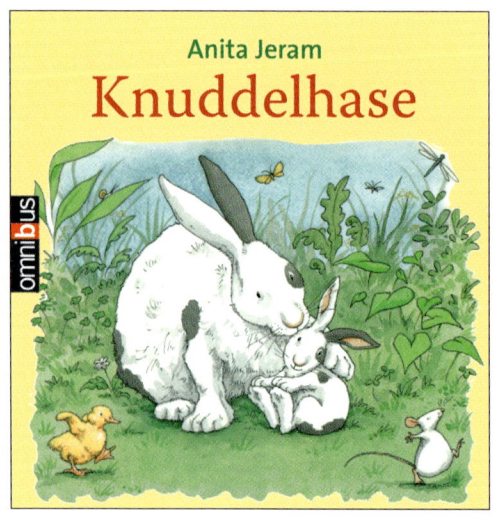

32 Seiten   OMNIBUS 21591

Mama Hase hat ihr Hasenkind zum Knuddeln gern.
Eines Tages läuft der kleine Hase weit in den Wald hinein
und findet nicht mehr zurück. Ganz alleine fühlt er sich da …
Wie gut, dass er plötzlich die vertraute Stimme seiner
Mama hört: »Knuuuddel!« Und schon hält sie ihn
knuddel-wohlig-warm wieder in den Armen.

www.omnibus-verlag.de